BEI GRIN MACHT SICH IHR WISSEN BEZAHLT

AF154609

- Wir veröffentlichen Ihre Hausarbeit, Bachelor- und Masterarbeit

- Ihr eigenes eBook und Buch - weltweit in allen wichtigen Shops

- Verdienen Sie an jedem Verkauf

Jetzt bei www.GRIN.com hochladen und kostenlos publizieren

GRIN

Christof Weingärtner

Musiknutzung Jugendlicher

Ein kompakter Überblick

GRIN Verlag

Bibliografische Information der Deutschen Nationalbibliothek:

Die Deutsche Bibliothek verzeichnet diese Publikation in der Deutschen National-
bibliografie; detaillierte bibliografische Daten sind im Internet über http://dnb.d-
nb.de/ abrufbar.

Impressum:

Copyright © 2002 GRIN Verlag GmbH
Druck und Bindung: Books on Demand GmbH, Norderstedt Germany
ISBN: 978-3-638-93612-5

Dieses Buch bei GRIN:

http://www.grin.com/de/e-book/19168/musiknutzung-jugendlicher

GRIN - Your knowledge has value

Der GRIN Verlag publiziert seit 1998 wissenschaftliche Arbeiten von Studenten, Hochschullehrern und anderen Akademikern als eBook und gedrucktes Buch. Die Verlagswebsite www.grin.com ist die ideale Plattform zur Veröffentlichung von Hausarbeiten, Abschlussarbeiten, wissenschaftlichen Aufsätzen, Dissertationen und Fachbüchern.

Besuchen Sie uns im Internet:

http://www.grin.com/

http://www.facebook.com/grincom

http://www.twitter.com/grin_com

Musiknutzung Jugendlicher

von

Christof Weingärtner

Semester: Wintersemester 2001/2002
Seminar: Jugendkultur

Ausarbeitung des Referates

Die Musiknutzung Jugendlicher

Gliederung

0. Einleitung

Musik nimmt im Leben Jugendlicher einen großen Stellenwert ein. Einen beachtlichen Teil ihrer Freizeit widmen sie dieser, sei es durch das Hören von Schallplatten zu Hause, den Besuch von Diskotheken und Konzerten oder durch das eigene Musizieren in Gruppen oder alleine.

Welche Zwecke Musik bei Jugendlichen erfüllt und in welchen Kontexten sie rezipiert wird, kann anhand zahlreicher Forschungsergebnisse rekonstruiert werden. Eine spezifische Musiknutzung Jugendlicher kann es dabei jedoch nicht geben, da Musik für die unterschiedlichsten Zwecke zu den verschiedensten Gelegenheiten verwendet werden kann. Selbst Untersuchungen, die zwar ähnliche Fragestellungen aufweisen, können dabei zu ungleichen Ergebnissen gelangen, da die Musikrezeption Jugendlicher trotz vieler Gemeinsamkeiten doch sehr individuell ist.

Einige dieser Berührungspunkte, bei denen allgemeine Schlüsse auf die Verwendung von Musik gezogen werden können, möchte ich in dieser Arbeit aufzeigen. Das erste Kapitel soll hierbei einen kurzen historischen Überblick leisten und die Entwicklung der populären Musik mit ihrer jugendlichen Nutzerschaft in Verbindung setzen. Das zweite Kapitel beschäftigt sich mit der Fragestellung, ob bei Teenagern, die unterschiedlicher sozialer Klassen entstammen oder über eine differierende Bildung verfügen, auch die Musik anders verwendet wird. Das darauf folgende Kapitel soll klären, inwieweit Musiknutzung zur Identitätsbildung und Selbstdefinition Jugendlicher beiträgt und stellt eine Verbindung zwischen ihr zur Sexualität her.

Das letzte Kapitel erläutert die Bedeutung der Jugendkulturen und in welcher Form und warum sich die verschiedenen Gruppen von anderen abzugrenzen versuchen.

1. Historischer Überblick

1.1 Musiknutzung Jugendlicher in den 20er und 30er Jahren

In den 20er Jahren bis Anfang der 50er Jahre als es noch keine Aufgliederung in erwachsenen- bzw. jugendspezifische Musikmärkte gab und in den meisten Familien lediglich ein Plattenspieler, bzw. Radio existierte, wurde die Musiknutzung meist von den älteren Familienmitgliedern bestimmt. Zudem musste die Musikindustrie, um die unterschiedlichen Zuhörergruppen, auf die ihre Produkte gerichtet waren und die aufgrund der eingeschränkten Verbreitung der Abspielgeräte nicht spezifisch angesprochen werden konnten, zufrieden zu stellen, Musik so vermarkten, dass sie den verschiedenartigen Ansprüchen der Gruppen (Geschlechter, Altersgruppen, Klassen, Kulturen, Religionen usf.) gerecht wurde. Die angebotenen Produkte waren dementsprechend emotionslos, da sie in den familiären Rahmen passen mussten und innerhalb der Familie nicht polarisieren durften, damit sie einen wirtschaftlichen Erfolg erzielen konnten. Trotzdem standen Musik und Radio an erster Stelle der Interessensliste von Jugendlichen und das schicht- und klassenübergreifend.

Die Tanzmode, die ab Anfang des 20. Jahrhunderts nach und nach die amerikanischen Städte überschwemmte, etablierte sich als "allgemein verbreitete Kunst unter den Jugendlichen und wird zunehmend zum Mittelpunkt ihres gesellschaftlichen Lebens"[1]

In den 30er Jahren etablierte sich der Jazz und mit ihm kamen die ersten Anzeichen einer Jugendkultur auf, die sich mit seiner Hilfe auszudrücken versuchte. Zwar nahm diese Musikform bei den Jugendlichen eine dominierende Rolle ein, sie wurde jedoch noch von Erwachsenen gemacht und bei Tanzveranstaltungen und in Jazzclubs waren diese immer noch anwesend. Die Heranwachsenden besaßen also noch nicht ihre eigene spezifische Musik, sondern teilten sie mit der Erwachsenenwelt.

---

[1]Frith 1981, S. 232

1.2 Entstehung des Rock´n Roll als erste jugendspezifische Musikform

Eine spezifische Musiknutzung Jugendlicher, die sich von der der Erwachsenenwelt abgrenzte, hat sich in den USA ab ca. Anfang der 50er Jahre etabliert. Mit der Popmusik, die zu dieser Zeit vorherrschte, konnten sich die Heranwachsenden nicht mehr identifizieren, da sie sich in ihrem Grundgerüst über Jahrzehnte hinweg kaum verändert hat. Die Instrumentierung glich bis auf das Schlagzeug, welches jedoch nur sehr zaghaft bedient wurde, der der Orchestermusik des 19 Jahrhunderts und die Arrangements waren "im wesentlichen melodienselig mit der Möglichkeit zum Mitsingen, sanft, harmoniebetont (...) schmachtend bis leicht schwungvoll, was damals hieß: tänzerisch kultiviert."[2] Die Interpreten, die von den Major-Plattenlabels vermarktet wurden, alterten zusammen mit der Machart ihrer Musikstücke, trugen Abendkleidung und "sangen aber immer noch unbeirrt von junger Liebe"[3]

Die Banalität, Stetigkeit und mangelnde Authentizität der Popmusik dieser Zeit ließ die Jugendlichen nach einer Alternative suchen, die mit der Verbreitung des Rundfunks im von afroamerikanischen Radiosendern gespielten R & B, gefunden wurde.

Dieser Musikstil verbreitete sich sehr schnell aufgrund der tanzbaren Rhythmik, und der Einfachheit der Arrangements und ermöglichte den Jugendlichen, ähnliche Musikstücke auch ohne musikalische Ausbildung selbst herzustellen oder bekannte Stücke nachzuspielen. Hiermit wurde also auch Jugendlichen der unteren Schichten, denen Musikunterricht aufgrund der fehlenden finanziellen Mittel versagt blieb, die Möglichkeit gegeben, selbst zu musizieren.

Mit der massenhaften Verbreitung durch Radiostationen, Konzerte und den Verkauf von Schallplatten, entwickelte sich allmählich der Rock´n Roll, der als erster wirklich jugendspezifischer Musikstil bezeichnet werden kann. Da die Identifikation mit den nun gleichaltrigen Künstlern, mit denen Jugendliche auch Herkunft und Interessen teilten, von nun an möglich war, wurde er auch zu einem großen kommerziellen Erfolg.

Diese neue Musikform wurde von der Erwachsenenwelt kategorisch abgelehnt, "man warf dieser Musik Wildheit und Verderbtheit vor und versuchte sie zu unterdrücken"[4] Da er jedoch vorhandene Bedürfnisse der Jugend weckte und ihr erstmals das Ausleben von Gefühlen ermöglichte, etablierte sich der Rock´n Roll bei den Jugendlichen. Die erstmals offen gezeigte Opposition zur Erwachsenenwelt wurde ebenfalls durch das Fernbleiben der Erwachsenen bei Tanzveranstaltungen deutlich. Durch solche und durch Radioformate, die speziell auf sie zugeschnitten wurden, konnten Jugendliche erstmals von der Industrie als spezifische

---

[2] Baacke 1997, S. 61
[3] ebd.
[4] Backe 1997, S. 63

Konsumentengruppe von den Erwachsen abgegrenzt und wahrgenommen werden. Musik entwickelte sich aufgrund dieser Entwicklungen zur beliebtesten Unterhaltungsform Heranwachsender und der Rock´n Roll zur beliebtesten Musikform.

1.3 Musiknutzung in den 60er und 70er Jahren

Musik entwickelte sich für Jugendliche der westlichen Welt mittlerweile zur wichtigsten Freizeitbeschäftigung. Ihr Geld gaben sie zu einem großen Teil für Konzerte, Schallplatten und Tanzveranstaltungen aus. Aus den Kneipen und Diskotheken, in denen die von ihnen präferierte Musik gespielt wurde, waren Erwachsene nicht gewünscht. Mit der Zeit entwickelten sich immer mehr unterschiedliche Musikstile; der Rock´n Roll vermischte sich mit Elementen aus Blues, Soul und Folk.

Aufgrund der zunehmenden Vermarktung verkam der Rock´n Roll allerdings ab Mitte der 60er Jahre immer mehr zum "formelhaften Teenager-Pop"[5] Jugendliche suchten nach neuen Alternativen, da dieser kommerzialisierte Musikstil von der Musikindustrie nach Marketinggesichtspunkten auf die die jungen Teenager als Rezipienten zugeschnitten wurde und somit die Authentizität verlor, die der Rock´n Roll noch innehatte, da er nicht von oben auf die Jugendlichen aufdoktriniert wurde, sondern aufgrund ihrer Bedürfnisse aus ihnen entstanden war und somit eine Identifikation möglich machte. Ende der 60er Jahre entstand deshalb die Rockmusik, die zu einem "Ausdruckmittel der gesamten Jugend, einer gesamten Generation"[6]wurde.

Sie war wiederum ein Musikstil, deren Wurzeln aus konkreten Bedürfnissen bestanden, weil sie versuchte auch gesellschaftliche Missstände zu thematisieren und zu kritisieren. Deshalb konnte sich der Rock bei den Jugendlichen, die nach Alternativen zum bestehenden gesellschaftlichen und politischen System suchten, besonders etablieren. Mit der ihm wurde das Verlangen nach Abgrenzung der Jugend von den Eltern stärker und die Trennungslinie zwischen den unterschiedlichen Auffassungen ihres Lebens, ihren Wünschen und Vorstellungen, schärfer. Nach und nach unterwarf sich allerdings auch diese Musikform den Marktbedingungen, was neue Alternativen wie z.B. den Punk, der Frustration und Protest durch Provokation ausdrücken wollte, bei den Jugendlichen etablierte.[7]

---

[5] Frith 1981, S. 242
[6] ebd.

1.4 Abgrenzungsprobleme bei der heutigen Musiknutzung Jugendlicher

Die gegenwärtige Musiknutzung Jugendlicher kann man nur noch unter schwierigen Bedingungen untersuchen, da das Angebot an unterschiedlichen Musikrichtungen sehr viel größer geworden ist, sämtliche Marktnischen besetzt werden und Musik viel mehr als früher das tägliche Leben begleitet und in dieses eingebettet ist[8]. Des weiteren wurde diese Unübersichtlichkeit durch die immer einfacher werdenden Zugriffsmöglichkeiten auf Tonträger, bzw. auf spezifische Musikstücke auf diesen Tonträgern, in den letzten Jahren verstärkt. Mit der Vinyl-Schallplatte war es lediglich möglich, die auf ihr ab Werk vorhandenen Musikstücke in einer bestimmten Reihenfolge abzuspielen. Um andere Musikstücke zu hören, musste entweder die Platte gewechselt oder (bei Langspielplatten) oder der Arm des Plattenspielers vom Rezipienten mit einer hohen Sensitivität per Hand auf das gewünschte Lied bewegt werden. Um eine individuelle Musikrezeption erreichen zu können, war eine gewisse Anstrengung unabdingbar.

Mit der ab den 70er Jahren vermarkteten MC änderte sich dies, da es nun möglich war, Musikstücke nach persönlicher Präferenz aufzuzeichnen. Man konnte nun also erstmals seinen eigenen Tonträger gestalten, ohne sich eine Schallplatte mit vorgegebenen Stücken zulegen zu müssen, indem man z.B. einfach Mitschnitte des Radioprogramms anfertigte. Die in den 80er Jahren vorgestellte CD ermöglichte dem Rezipienten erstmals, vorgegebene Reihenfolgen lediglich per Knopfdruck aufzubrechen.

Mit der heutigen digitalen Technik und der Möglichkeit, Musikstücke gezielt kostenlos aus dem Internet zu laden und diese auf relativ kleinem Speicherplatz zu lagern, wurde die Möglichkeit, die Musiknutzung Jugendlicher zu untersuchen, weiter erschwert, da fast jedes gewünschte Musikstück quasi auf Abruf kostenlos zu jeder Zeit zur Verfügung stehen kann, ist der Rezipient nicht mehr gezwungen, den Erwerb von Tonträgern aufgrund seines eingeschränkten Budgets einzuschränken, sondern jegliches präferierte Produkt aus Internettauschbörsen beziehen kann. Durch diesen Prozeß wird sich die Musiknutzung Jugendlicher weiter individualisieren und allgemeine Schlüsse über sie schwieriger zu ziehen sein.

---

[8]In Kaufhäusern und Supermärkten wird Musik zur Verkaufsförderung eingesetzt, in Arztpraxen und Aufzügen soll Musik die Wartezeit angenehmer gestalten. Musik wird immer häufiger eingesetzt, auch da, wo sie unbewusst wahrgenommen wird (vgl. Baacke 1997, S. 343

2. Klassen- und Bildungsunterschiede in der Musiknutzung Jugendlicher

2.1 Soziologische Untersuchung von Frith

Um Unterschiede in der Musiknutzung Jugendlicher, die aus unterschiedlichen sozialen Schichten entstammen, herauszufinden, gab es bereits diverse Untersuchungen. In der von Simon Frith 1973 durchgeführten Befragung von 105 Schülern zwischen 14 und 18 Jahren in der englischen Stadt Keighley[9] ergaben sich wesentliche Unterschiede in der Musikkonsumtion der Schüler der Sixth- und Fifth-Form.

Während sich die Schüler der Sixth-Form, die meist der Mittelschicht angehörten, sich für ein höheres Ausbildungssystem qualifizieren konnten, verließen die meist der Arbeiterklasse angehörenden Fifth-Form-Schüler die Schule bereits im Alter von 16 Jahren, um in den Arbeitsmarkt einzutreten.

Die befragten Sixth-form Schüler und College-Studenten gaben an, vorzugsweise Langspielplatten zu kaufen, eher Folk-Clubs und Konzerte als Diskotheken zu besuchen und über einen eher progressiven Geschmack zu verfügen. Sie schrieben sich selbst einen ausgeprägten Individualismus zu . und stritten ab, Schallplatten danach auszuwählen, um den Anforderungen einer bestimmten Gruppe oder einem gewissen Image gerecht zu werden.

Die Bewertung von Schallplatten erfolgte bei den Befragten größtenteils auf inhaltliche Bedeutungen; die Texte waren für sie wichtigster Bestandteil der Musikstücke.

Kommerzielle Produkte lehnten sie dabei kategorisch ab. Vielmehr gaben sie Originalität und Authentizität als präferierte Eigenschaften bei der Auswahl ihrer Musik an. Des weiteren betrachteten sie sich als eine Art Opposition zu der Lebensform ihrer Eltern und betonten ihren Anspruch der Unterscheidung von der älteren Generation.

Die Schüler der Lower-Fifth-Form hielten dagegen Sound und Beat für wichtiger als die Inhalte der Musikstücke. Sie identifizierten sich mehr mit der Mode und wechselnden Stilrichtungen. Sie gaben an, seltener in Konzerte als in Diskotheken zu gehen, regelmäßig <Top of the Pops> zu schauen und eher Singles als Langspielplatten zu erwerben.

Trotz dieser eindeutigen Ergebnisse konnte Frith feststellen, dass die Unterschiede zwischen den beiden untersuchten Gruppen geringer war, als es auf den ersten Blick schien. Die Schüler der Lower-Fifth-Form nahmen sich und ihre Gruppe nämlich weniger ernst, sie waren sich bewusst, dass sich Image laufend verändert und sich Gruppen mit der Zeit verändern und vermischen können.

---

[9]vgl. Frith 1981, S. 235 ff

Die befragten Sixth-Form-Schüler und College Studenten dagegen, die den Anspruch auf individuelle Musikauswahl betonten, bewerteten die Bedeutung eines gemeinsamen Musikgeschmacks als Basis von Freundschafts-beziehungen als besonders wichtig. Da sie zudem den kommerziellen Pop strikt ablehnten, muß die von ihnen gemachte Aussage über die gepriesene Individualität der Nutzung von Musik stark relativiert werden. Die Freiheit der Musiknutzung wurde somit eingeschränkt, wenn man dieser Gruppen angehörig sein wollte. Musik symbolisierte für sie Wertvorstellungen und unterstrich ihren Anspruch auf Individualität, obgleich sie die Existenzberechtigung von kommerzieller Popmusik infrage stellten und somit Rezipienten dieser aus ihrer Gemeinschaft ausschlossen.

Trotz der Unterschiede zwischen den beiden befragten Teilen, konnte Frith feststellen, dass Musiknutzung für alle Jugendlichen, unabhängig ihrer sozialen Herkunft und Bildung, als einen wichtigen Teil ihres Lebens ansehen. Die Differenzierung erfolgt mehr über die Art und Weise, wie über Musik geredet wird, der Ideologie, als über ihre tatsächliche Nutzung.

2.2 Studentische Musiknutzung

Bei Studenten kann man im Gegensatz zu arbeitenden Jugendlichen keine klare Trennung zwischen Arbeit und Freizeit ausmachen. Musik läuft meist bei den unterschiedlichsten Beschäftigungen im Hintergrund. Da das Lesen sowohl als Pflichterfüllung als auch als Beschäftigung zum persönlichen Vergnügen eines Studenten verstanden werden, er zu Hause ständig zwischen studiumsorientierten bzw. Freizeitaktivitäten hin- und herwechseln kann und dabei unabhängig von der geleisteten Tätigkeit Musik im Hintergrund hört, verwischt bei ihm die Grenze zwischen Freizeit und Arbeitszeit.

Aus diesem Grund verbindet er durch seine höhere Bildung die Freizeit- mit seinen Lernerfahrungen und betrachtet Freizeit, die für ihn selbstverständlich ist und die er sich auch nehmen kann, dadurch nicht mehr als bloße Unterhaltung, sondern verleiht ihr den Status der Kunst.[10]

Dies ist mit ein Grund, warum er Musik "ästhetisch und intellektuell überhöht"[11] und sie nicht mehr ausschließlich dem Vergnügen dient, sondern vielmehr auch eine kulturelle Erfahrung für ihn bedeutet.

---

[10] vgl. Frith 1981, S. 259 ff.)
[11] Frith 1981, S 260

2.3 Untersuchung von Roe

Bei einer Untersuchung von Roe[12], bei der 509 Jugendliche im Alter von 11 bis 15 Jahren befragt wurden, sollten musikalische

Präferenzen und das Leistungsniveau der Schüler in Verbindung gesetzt werden. Aufgrund dieser Untersuchung wurde drei Gruppen von Geschmackspräferenzen gebildet, in die die Schüler eingeordnet wurden.

Die erste Gruppe wurde aus den Musikstilen Punkt, New Wave und Rock, die zweite aus Mainstream und die dritte aus Klassik, Jazz und Folkmusik zusammengesetzt.

Festgestellt wurde, dass erfolgreiche Schüler, unabhängig ihrer sozialen Herkunft, stärker an klassischer Musik und Mainstream als erfolglose Schüler interessiert waren. Die Versager dagegen orientierten sich im Musikgeschmack eher an den schulischen Peergroups und hörten überwiegend Punk, New Wave und Rock. Sie waren eher als die erfolgreichen Schülern, die sich überwiegend am Geschmack der Eltern orientierten, in Cliquen involviert.

Hier entwickelte sich eine Dynamik, die auch die Musikpräferenzen herausbilden ließ, während die leistungsstarken Schüler tendenziell weniger in Gruppen integriert waren und daher mehr von der kulturellen Erfahrung ihrer Familie beeinflusst waren.

2.4 Resümee

In beiden Untersuchungen wurden Schüler aus unterschiedlichen sozialen Schichten und Leistungsniveaus befragt. Während in Friths Studie ein Zusammenhang zwischen sozialer Herkunft und Musiknutzung hergestellt werden kann, sind bei Roes Befragung keine Rückschlüsse auf Unterschiede der Musikpräferenzen verschiedener sozialer Herkünfte möglich. Vielmehr ist in dieser Untersuchung der Aspekt des Klassenunterschiede zu vernachlässigen, da hier das Leistungsniveau der Schüler unabhängig ihres Backgrounds ausschlaggebend für eine Aussage über die Musiknutzung Jugendlicher ist. Doch auch Frith konnte, obgleich er in seiner Studie Differenzen fand, feststellen, dass diese weniger ausgeprägt waren, als dies im Vorhinein vermutet wurde. Die Differenzierung von anderen Gruppen durch Musik wurde bei den Schüler von sozial schwächerer Herkunft weniger streng ausgelegt, als bei den Schülern aus der Mittelschicht, die eine Abgrenzung zu anderen Gruppen aufgrund des Musikgeschmacks deutlich strikter befolgten.

---

[12] vgl. Dollase in Baacke 1991, S. 356

Bei den höher gebildeten Jugendlichen übernimmt Musik zudem auch ideologische Funktionen; sie wird mit einem hohen Anspruch versehen und als Kunst verehrt.

Eine interessante Feststellung ist, dass sich, wenn man beide Ergebnisse vergleicht, die formal höher gebildeten Schüler in Friths Befragung ähnlich verhalten wie die erfolgloseren Schüler in Roes Untersuchung. Sie wenden sich Gruppen zu und betrachten diese als Einheiten, die sich nach außen mit Hilfe eines bestimmten Musikgeschmacks abgrenzen. Eine allgemeine Aussage über Unterschiede in der Musiknutzung aufgrund der sozialen Herkunft Jugendlicher oder des Bildungsniveaus ist demnach kaum möglich, da die Ergebnisse von Untersuchungen je nach Fokussierung der Fragestellungen, der Orte der Befragung und dem Alter der Befragten variieren werden.

3. Musiknutzung zur Identitätsbildung und Selbstdefinition

3.1 Phasen der Identitätsfindung Jugendlicher

Die Identität eines Menschen bildet sich in seiner Jugend heraus, Vorbilder und Identifikationsobjekte haben einen Anteil an dieser Identitätsbildung.

Dollase teilt die Musiknutzung Jugendlicher in die drei Phasen der Anstiegs-, der Plateau- und der Abschwungphasephase [13]

Heranwachsende, die ab dem Beginn der Pubertät sich langsam von der Erwachsenenwelt, deren Meinungen und Geschmäcker, die sie bisher übernommen haben, lösen, greifen vermehrt zur Musikrezeption als ein Mittel zur Identitätsfindung

Während die jüngeren Jugendliche in der Anstiegsphase (bis ca. zum 15 Lebensjahr) vor allem "ihre" Stars als Identifikationsobjekte nutzen und mehr Aussehen und Verhaltensweisen des Interpreten beachten[14] , widmen sich die älteren mehr den eigentlichen Musikstücken mit ihren Texten. Bei ihnen wird die emotionale Erregung durch Musik durch "eine personale und soziale Funktion (ergänzt), und die typische Jugendmusikkultur bildet sich aus"[15]. Die Musiknutzung als Bestandteil der Identitätsfindung wird durch musikbezogene Gespräche mit Gleichaltrigen, der Beschaffung von Hintergrundinformationen und der Fokussierung auf Aussagen und Wirkungen der Musik und Texte kultiviert.

---

[13] vgl. Dollase in Baacke 1997, S. 357 ff
[14] Man beachte hierbei vor allem die jungen Mädchen auf Konzerten von "Boygroups" heute, bzw. den Beatles in den 60er Jahren, die reihenweise in Ohnmacht fielen.
[15] Dollase in Baacke 1997, S. 358

In der Plateauphase wird diese Etablierung der eigenen Musikkultur fest in den Lebensalltag der Jugendlichen integriert. Hierbei findet meist auch eine deutliche Abgrenzung zur Erwachsenenwelt statt, es bilden sich Oppositionen und der "Entwurf einer Lebensweise, die sich von den etablierten Angeboten deutlich absetzt"[16]

In der Abschwungphase verliert die Musik ihre angestammte Rolle als Identifikationsobjekt. Die Identität des nun Erwachsenen ist ausgebildet, er versucht seine gesetzten Ziele zu verfolgen, sich im Beruf zu etablieren und eine Familie zu gründen. Musikkonsum wird zunehmend unwichtiger.

3.2 Sexualität und Musiknutzung

3.2.1 Weibliche Musik, der Teenybop

Laut Frith spielt Musik bei Mädchen eine andere Rolle als bei Jungen. Es besteht weniger Interesse an ´ernsthafter Rockmusik´, dafür sind für sie die Interpreten und vor allem die Texte besonders wichtig. Frith geht davon aus, dass sich Mädchen unter größerer Kontrolle ihrer Eltern befinden und aus diesem Grund mehr zu Hause bleiben. Die daraus verstärkte Bindung an das Familienleben und die Vorbereitung auf ihre spätere Geschlechterrolle, hüten, bindet sie viel stärker an das Haus als ihre männlichen Altersgenossen, die draußen mit Freunden spielen und Sport betreiben. Das Schlafzimmer ist der Ort, an dem sie die meiste Zeit verbringen. Hier halten sie sich mit Freundinnen auf, unterhalten sich über die ersten sexuellen Erfahrungen, über Kleidung und hören vor allem Musik.

Die Mädchen mit den wenigsten Freiheiten, die von Frith Teenybopper[17] genannten 10-13 jährigen, sind besonders anfällig, für ihre Idole zu schwärmen[18]. Die weibliche Musik, der sogenannte ´Teenybop´ dient im Gegensatz zur männlichen Musik mehr der privaten Unterhaltung.

"Die Anziehungskraft der Teenybop-Idole beruht auf Selbstmitleid, Verletzlichkeit und unerfüllte Bedürfnisse"[19] Diese äußerst privaten, parasozialen Beziehungen zu ´ihren Stars´ werden von der Musikindustrie ausgenutzt. Meist handeln die für die junge weibliche Zielgruppe bestimmten Stücke von Enttäuschungen, Einsamkeit und unerfüllter Liebe. Da die Mädchen ihre Idole, zu denen sie eine solch innige Beziehung aufgebaut haben, nie persönlich erreichbar sein werden, ergibt sich durch die Kombination der Texte mit ihrer eigenen Situation eine Stimmung von

---

[16] Dollase in Baacke 1997, S. 359
[17] vergl. Frith 1981, S. 263 ff
[18] vergl. hierzu auch Kap. 3.1: Anstiegsphase
[19] Frith 1981, S. 265

Selbstmitleid durch unerfüllte Bedürfnisse und Verletzlichkeit. Heute sind es vor allem die Boygroups, die weibliche Teenager in ihrer Entwicklung begleiten. Die Musikindustrie setzt auf die parasoziale Interaktion mit den Bandmitgliedern und versucht möglichst viele weibliche Konsumenten an sie zu binden, indem die Musiker bewusst so ausgewählt werden, dass ein großes Spektrum an unterschiedlichen Geschmäckern durch die unterschiedlichen Charaktere der Bandmitglieder abgedeckt wird.

3.2.2 Männliche Musik, der Cock Rock

Die männliche Musik, von Frith ´Cock Rock´ genannt wird im Gegensatz zum Teenybop öffentlich zelebriert. Die musikalische Darbietung der Interpreten ist zumeist laut und aggressiv, die Texte arrogant und selbstbezogen. Gitarre und Mikrofone werden wie Phallussymbole dargestellt, "bei solchen Hard Rock Veranstaltungen (wird) auf onanistische Weise der ´Penis-Power´ zelebriert"[20] Die Kombination dieses Auftretens mit der aggressiven und lauten Musik und dem Image der Interpreten, die Hotelzimmer zerstören und sexuell besonders aktiv sind, ergibt ein einheitliches Marktimage der Künstler. Dieses wird bei den männlichen Jugendlichen als Leitbild zur sexuellen und persönlichen Entwicklung genutzt.

Obgleich seit Friths Ausführungen eine starke Diversifikation der Musikstile stattgefunden hat, existieren heute noch immer Strömungen, die durch ein ähnliches Auftreten wie dem der Rockbands der 70er Aufmerksamkeit erregen und Jugendliche faszinieren. Mädchen bleiben von dieser Art von Musik

weiterhin ausgeschlossen, da diese die männliche Sexualität darstellt.

Beide Bereiche, der ´Teenybop´ und der ´Cock Rock´, entsprechen dem Rollen-verständnis der Geschlechter in der Gesellschaft. Die Unterschiede ergeben sich durch die verschiedenartigen Vorstellungen und das differenzierte Verhältnis zur Sexualität. Während die jungen Mädchen Musik meist zu Hause rezipieren und ihre Gefühle durch sie kompensieren, ist für die männlichen Teenager Musik der Aspekt des öffentlichen Auftritts und des Auslebens von Gefühlen besonders wichtig.

---

[20] ebd

3.2.3 Tanz als Ausdruck der Sexualität

Der Tanz kann laut Frith als wichtigste Teenagerkultur betrachtet werden und die Tanzfläche als ihre Arena, da auf ihr die sexuelle Bedeutung der Musik für die Öffentlichkeit sichtbar wird. Diskotheken und andere Veranstaltungen werden dafür genutzt, Verabredungen mit Mitgliedern des anderen Geschlechts zu treffen und der Tanz dient als erste Möglichkeit, die Gunst jener zu erlangen. Beim Tanzen ist es Jugendlichen möglich, die Sexualität unabhängig von Konventionen der Gesellschaft, öffentlich darzustellen.

Allerdings kann es für den Jugendlichen auch als eine Art Flucht verstanden werden, als Reduktion auf körperliche Empfindungen, die die problembehaftete Welt der Heranwachsenden vergessen lässt. Gerade bei den Jugendlichen aus den unteren Schichten besitzt der Tanz eine besondere Relevanz. Hierbei ist es auch Arbeitslosen möglich, "ihre Körperlichkeit und Beweglichkeit auszudrücken und ein Gefühl für menschliche Kraft und Anmut zu entwickeln, das in ihrem Leben sonst keinen Platz hatte" [21]

4. Jugendkulturen und Musiknutzung

Eine eigene Jugendkultur entwickelte sich ab den 60er Jahren. Jugendliche hatten genügend Zeit und eigenes Geld zur Verfügung, um eigens für sie produzierte und vermarktete Artikel, spezielle Radioprogramme, Filme, Kleidung und Musik konsumieren.

Die Rockmusik vereinte Jugendliche aus allen gesellschaftlichen Schichten und bewirkte eine "romantisierte Version der Gleichgesinntenkultur" [22]

Teenager der Mittelklasse suchten durch die Musik Zugang zu der Welt der Arbeiterkinder. Bei ihnen herrschte das idealisierte Bild einer Arbeiterjugend vor, die sich ihre Spielräume [23] selbst erkämpft, ihre Straßen verteidigt und denen nicht ihre Zukunft durch das Elternhaus geebnet wird. Es entstand eine Opposition gegen das etablierte politische, wirtschaftliche, aber auch sexuelle System der Eltern auf Seiten der Teenager der Arbeiter- und der Mittelklasse gleichermaßen.

---

[21] Frith 1981, S. 283

[22] Frith 1981, S. 248

[23] "Das Klassenbewusstsein dieser Teenager (Anm.:der Arbeiterklasse) ist gleichzeitig ein Bewusstsein für territoriale Ansprüche: Es sind ihre Straßen, die verteidigt werden müssen, auf denen sie ihren Status erkämpfen und wo die Trennung von <<die>> und <<wir>> sichtbar wird. (Frith 1981, S. 248)

Gruppen von Jugendlichen etablierten sich mehr und mehr als Ersatzfamilien, die die persönliche Entwicklung förderten und in denen Themen besprochen wurden, die mit Eltern nicht mehr diskutiert werden konnten.

Der Austausch der Jugendlichen untereinander ist sehr bedeutend, da sie noch nicht in das etablierte gesellschaftliche System der Erwachsenenwelt integriert sind. Sie sind zwar dem elterlichen Einfluß entwachsen, haben aber noch keine eigene Familie gegründet und werden deshalb von der Gesellschaft noch nicht als vollwertige Mitglieder akzeptiert. Um jedoch die gesellschaftlichen Spielregeln zu erlernen, die eigene soziale Stellung und geschlechtliche Identität zu entwickeln und damit auf das Erwachsenwerden vorzubereitet zu werden, agieren die dadurch entstandenen Gleichgesinntengemeinschaften als Mittler zwischen Familie und Gesellschaft. Die Musik dient dabei diesen Gruppen als Mittel zur Differenzierung von der Generation ihrer Eltern.und kennzeichnet bestimmte Orte oder Anlässe als jugendspezifisch.

Die eigene Gruppe, die aufgrund der Möglichkeit der persönlichen Offenbarung eine besonders intime Institution darstellt, gilt es von anderen abzugrenzen und zu schützen. Dies geschieht insbesondere durch die Verwendung von Musik.
Andere Musikstile und damit auch die Gemeinschaften, die sich mit diesen identifizieren, werden dabei vorwiegend abgelehnt, da sich "durch die Abwertung der Anhänger anderer Richtungen (...) die positive soziale Identität weiter steigern (lässt)"[24]

Musik hat in den verschiedenen Subkulturen auch unterschiedliche Bedeutungen. Während zum Beispiel die Hippies Ende der 60er Jahre ihre persönliche Verzweiflung aufgrund der Kriegssituation in Vietnam mit Musik zu kompensieren versuchten und ihre Angst vor der Einberufung, aber auch ihre Entschlossenheit gegen den Krieg anzukämpfen mit Hilfe von Musik auch öffentlich kundtaten, war und ist für andere Gruppen die Musik lediglich ein Teil der Konsumwelt, in die sie mehr und mehr integriert werden.
Zur Musiknutzung gehört für diese Subkulturen auch das passende Outfit, Wohnungseinrichtungen, der Besuch von besonderen Tanzveranstaltungen (z.B. Raves in den 90er Jahren und heute) oder selbst Fahrzeugen.[25], während die politisch aktiven Gruppen den missionarischen Charakter ihrer Musik herausstellen und mit ihrer Musik Überzeugungsarbeit leisten wollen.

---

[24] Dollase in Baacke 1991, S. 353.
[25] In den 60er Jahren waren mit bestimmten Accessoires bestückte Motorroller für der Teenagergruppe der Mods ein wichtiges.Erkennungssymbol

Fazit

Wie in den vorangegangenen Kapiteln festgestellt, existiert keine spezifische Musiknutzung Jugendlicher. Jeder nutzt Musik anders und bringt seine persönlichen Erfahrungen mit ein. Allerdings kann man grobe Unterscheidungen innerhalb von Bildungs- und Klassenunterschieden ausmachen, die jedoch je nach Art der Fragestellung anders ausfallen. Während Jugendliche der unteren sozialen und Bildungsschichten Musik größtenteils als Unterhaltungsangebot, zur Abgrenzung oder zur Problembewältigung nutzen, nutzen höher gebildeten Jugendliche oft Musik als kulturelle Erfahrung und stilisieren sie zu einer Form von Kunst.

Unbestreitbar jedoch ist, dass Musik für alle Jugendliche eine wichtige Erfahrung darstellt. Sie gilt als Begleiter und Unterstützer in der schwierigen Zeit der Loslösung vom Elternhaus und der Bildung einer eigenen Identität.

Das "Bedürfnis nach Musik (ist) nie so ausgeprägt gewesen wie in unserer Zeit der Spaltung von Verstand, Gefühl und Körper"[26]

Ob sie nun als Mittel zur Abgrenzung von den Eltern, dem Establishment sowie anderen Altersgenossen, der Verarbeitung von Gefühlen oder als Ventil zum Aggressionsabbau usw. dient, ist dabei vernachlässigbar.

Zu betonen ist nämlich die Musik als das primäre Identifikationsmittel in der schwierigen Phase der Selbstfindung. Der Jugendliche definiert sich mit ihr, da er den Einflussmöglichkeiten der Eltern bereits entwachsen ist, aber sich selbst noch nicht als eigene Persönlichkeit etabliert hat

Seine Musik für ihn zeitweise das einzige Medium, das ihm bei der Verarbeitung seiner individuellen Emotionen dient, während die Eltern sich nicht mehr in seine Probleme hineinversetzen können und seine Altersgenossen ihre Energien auf die Verarbeitung ihrer eigenen aufwenden müssen.

Aus diesem Grund ist sein Leben in dieser Phase um einen bestimmten Musikgeschmack organisiert, der ihm auch bei der Herausfilterung seiner sozialen Kontakte behilflich ist.

Die große Bedeutung von Musik während der Jugend, wird deutlich, wenn Erwachsene sich anhand bestimmter Musikstücke in diese Zeit zurückversetzen wollen. Anhand des Mediums Musik, ist es möglich, sich die Erinnerung an vermeintlich verlorengegangene Dinge aus der Vergangenheit wiederzuholen und sie nachzufühlen. Dies ist ein Grund dafür, dass Erwachsene ihren Musikgeschmack seit ihrer Jugend meist nicht verändert haben und oft immer noch ihrer

---

[26]Klemnauer, 1986.

alten Platten frönen. Dabei wird deutlich, dass Musik auch noch im Erwachsenenalter zur Verarbeitung von Emotionen genutzt werden kann, indem Situationen der Jugend wiederaufgelebt und ´nachgefühlt´ werden. Da sie hierbei die gleichen Lieder, die sie im Teenageralter zur Problembewältigung genutzt haben, verwenden, wird die Tragweite der Musiknutzung Jugendlicher als Medium zur Auseinandersetzung mit der eigenen Persönlichkeit besonders deutlich.

6. Literaturverzeichnis

Bücher:

Baacke, Dieter (Hrsg.): Handbuch Jugend und Musik. Opladen: Leske + Budrich 1997

Baacke, Dieter: Jugend und Jugendkulturen. Darstellung und Deutung. Weinheim, München: Juventa-Verlag 1987 Reinhold: Edgar Reitz. Film als Heimat. München: Heyne 1993

Brake, Mike: Soziologie der jugendlichen Subkulturen. Frankfurt/ Main: Campus- Verlag 1981

Frith, Simon: Jugendkultur und Rockmusik. Reinbek: Rowohlt 1981

Klemnauer, Günther: Ich will raus. Jugend und Rockmusik der 50er - 80er Jahre. Interviews und Reportagen. Wuppertal: R. Brockhaus Verlag 1986

Nordmann, Elmar/ Heimann, Thorsten: Rockmusik und Jugend. Der Bandworkshop als sozialpädagogisches Arbeitsfeld. Münster; Hamburg: Lit 1994

Internetadressen:

Frith, Simon: zur Ästhetik der Populären Musik:
http://www2.rz.hu-berlin.de/fpm/texte/frith.htm; abgerufen am 26.05.2002